ÉLOGE

DE

ROMAINVILLE.

ÉLOGE

DE

ROMAINVILLE,

PAR LHOSPITAL.

Artifex ejusmodi, ut solus videatur dignus esse, qui in scenâ spectetur : tum, vir ejusmodi, ut solus dignus videatur, qui eò non accedat.
   CICÉRON.

BORDEAUX,
IMPRIMERIE DE BALARAC JEUNE, RUE DU TEMPLE, 7.
—
1850.

La réimpression de cet opuscule est due à un sentiment de piété filiale. C'est un souvenir consacré à la mémoire du célèbre acteur, qu'ont voulu conserver la petite-fille de Romainville, qui habite Bordeaux, et son petit-fils, qui, sur la scène de Rouen, porte le nom de son aïeul et conserve ses traditions.

Cette notice est due à Lhospital, littérateur bordelais ; c'est le commentaire indispensable du portrait de l'artiste qui orne le foyer de notre Grand-Théâtre.

Publié en 1785, sous le couvert de l'anonyme, sans nom d'imprimeur, l'ouvrage porte sur son frontispice le mot de *Londres*, au lieu de celui de *Bordeaux*, quoique rien dans son contenu ne motive une publication clandestine. Les exemplaires en sont devenus si rares que la famille du grand comédien n'en possédait aucun ; celui qui sert à cette réimpression lui a été donné par M. Clouzet, dont le zèle intelligent a formé une collection vraiment historique des ouvrages publiés à Bordeaux.

L'auteur a laissé plusieurs ouvrages, entr'autres des notices sur le musicien Beck et l'acteur Martelli ; ce n'était pas un écrivain sans mérite. Son style présente, il est vrai, quelques-unes de ces expressions qui tiennent à la fantaisie d'une époque et qui font sourire quand elles ne sont plus de mode ; il se montre partisan trop exclusif du passé ; et son admiration si bien motivée pour Molière n'aurait pas dû le rendre injuste envers son contemporain Beaumarchais. Quoi qu'il en soit, Lhospital appartient à une excellente école critique, celle qui puise les principes dans la nature, qui analyse avec soin tous les procédés de l'art, qui parle de ce qui est en question, et ne croit pas qu'on puisse juger une pièce ou un acteur en dissertant sur les flots de la mer ou sur le chant du rossignol.

L'écrivain nous fait assister au travail de la pensée de Romainville lorsqu'il créait un rôle ; il rend sensibles pour nous tous les effets que l'artiste produisait sur le public ; enfin, il nous explique comment le même comédien, devant les mêmes spectateurs, sut exciter durant vingt années le même intérêt.

La lecture de l'opuscule de Lhospital peut profiter à ceux qui tiennent auprès de nos théâtres le sceptre de la critique, et nous la recommandons à tous les artistes dramatiques qui aspirent par un talent vrai à obtenir des applaudissemens longs et mérités.

S—N.

ÉLOGE

DE

ROMAINVILLE.

Les grands talents sont rarement appréciés par le siècle qui les a vu naître, et qu'ils ont illustré. L'envie et la médiocrité, qu'ils écrasent, les condamnent à végéter obscurément et loin de leur véritable sphère. Ils ne sont mis à leur place que lorsqu'ils n'existent plus : c'est à la postérité seule qu'il appartient de les venger de l'injustice de leurs contemporains, et des trames odieuses de leurs détracteurs.

Cette fatalité attachée à tous les hommes supérieurs poursuit surtout ceux qui courent la carrière du théâtre, siége et trône des cabales, arène où elles peuvent impunément faire jouer leurs manœuvres, briller leurs armes, et entendre leurs sifflets. Paris a vu, cent fois, ces spectacles scandaleux où l'artiste supérieur et modeste, mais fier du sentiment de ses forces, indignement immolé aux basses intrigues de ses concurrens, pour n'avoir pu s'abaisser, comme eux, à quêter l'appui des prôneurs, a été forcé de chercher dans la Province des juges plus équitables que ceux de cette Capitale si vantée, et de leur consacrer l'hommage de ses talens.

Tel fut le sort des *Prins*, des *Drouin*, des *Froment*, des *Dufresny*, des *Aufresne*, des plus grands comédiens ; tel fut celui de ROMAINVILLE. Il n'eut pas, à la vérité, à combattre, comme eux, des légions entières de cabaleurs. Ses débuts sur le théâtre de Paris furent, au contraire, très-brillans (1); mais, leur éclatant succès n'ayant pas empêché ses rivaux de l'exclure de la place qui lui était due, il n'en fut que plus fondé à se plaindre de leur injustice et de celle du Public, qui avait le droit de lui en faire raison. Il renonça pour jamais à lutter, devant un si faible juge, contre les vaines prétentions, ou plutôt contre le vil manége de ses concurrens, et vint faire l'un des plus beaux ornemens du premier théâtre de la Province, devenu le rival heureux de celui même de la Capitale, grâce aux grands talens qui y brillaient alors, et dont il ne nous reste plus qu'un douloureux souvenir (2).

Le théâtre de Bordeaux n'était pas encore souillé de ces drames monstrueux, de ces plates bouffonneries, de ces farces insipides qui font depuis long-temps l'opprobre de celui de la Capitale, et excitent les plaintes amères de tous les hommes éclairés. Le goût du Public, maintenant corrompu par ces parades ridicules, par ces misérables rapsodies, au point de ne pouvoir plus goûter les sublimes productions des *Corneille*, des *Racine*, des *Voltaire*, des *Molière*, etc., était alors constamment entretenu et épuré par les représentations fréquentes des chefs-d'œuvre de ces grands maîtres, qui avaient encore des acteurs et des spectateurs. Les uns formaient les autres ; et tous concouraient, à l'envi, par l'aiguillon puissant de l'émulation, et par celui de l'encouragement, à maintenir l'honneur du Théâtre français, et la tradition de l'Art.

Nos Comédiens, justement enorgueillis des suffrages d'un Public éclairé, dont le goût et la raison étaient sans cesse exercés par la représentation des plus belles productions de l'esprit humain, allaient affronter sans crainte le mauvais goût des autres Provinces, celui même de la Capitale, prostitué depuis long-temps aux vils tréteaux de la populace. Ils se consolaient aisément du refus de leurs applaudissemens, en voyant la médiocrité des talens qui les obtenaient. Tandis que ces talens mêmes, objet de l'idolâtrie de la Capitale et des autres Provinces, rôdaient prudemment autour de nos portes, et n'osaient, malgré leur vaine célébrité, soutenir l'épreuve d'une concurrence dangereuse, avec des talens supérieurs qui les auraient éclipsés. Ils ne s'y sont hasardés, enfin, que dans l'absence, ou même après la mort de leurs rivaux, dans l'espoir que le Public n'en aurait plus conservé qu'un faible souvenir. Mais leur attente a été trompée. Notre Théâtre n'en a pas moins été l'écueil contre lequel est venue se briser la réputation usurpée de ses acteurs. Ils ont été placés par les vrais juges, c'est-à-dire par ce petit nombre de connaisseurs échappés au torrent du mauvais goût, aux yeux de qui le talent est tout et le nom rien, qui ne jurent ni sur parole, ni sur autorité, hors celle de la raison, au rang honorable qui est dû aux talens rares, mais acquis à force de travail et d'étude, fruits de l'art, non de la nature, et dépourvus de cet enthousiasme, de cette effervescence, de cette sublimité, de ce grand caractère, enfin, de vérité et d'illusion, qui distingue éminemment les grands talens et les élève au plus haut période de gloire.

Parmi ces mortels privilégiés, ces premiers talens, brilla ce ROMAINVILLE, à la mémoire duquel nous osons consacrer quelques lignes d'éloge, dans un siècle où son langage est tellement profané, qu'il deviendra bientôt l'équivalent de la censure. Il faut supposer la réunion de tous les talens d'un comique pour avoir une idée juste de la perfection de ce grand comédien. Ce n'était pas un acteur jouant ses rôles, d'après les données et les conventions ordinaires de l'art, c'était toujours le personnage lui-même dans la plus grande illusion, et ROMAINVILLE était l'acteur de la nature, comme *Molière* en était le peintre, comme *Lafontaine* en était le poète, comme un être plus merveilleux encore, *Garat*, en est le chanteur : comparés à de tels prodiges, que ceux de l'art sont peu de chose !

Qu'il était grand, inconcevable, dans *Sosie*, *Jourdain*, *Sganarelle*, *Mascarille*, *Dandin*, *Pourceaugnac*, *Scapin*, *Ménechme*, *Strabon*, *l'Olive*, *Frontin*, *Patelin*, *Dave*, *Turcaret*, *Pincé*, *Desmasures*, *les Crispins*, et tous les rôles, enfin, de son emploi de comique, dans l'ancienne et bonne comédie! Comme il éclipsait, par l'étonnante vérité de son jeu et de son débit, par ce naturel exquis et inimitable, les talens même les plus distingués! On ne voyait que lui, on n'écoutait que lui; même, quand il ne laissait parler que son silence, l'expression de son masque et de son jeu muet attirait tous les regards, captivait tous les sens : on eût dit, à voir un tel prestige, que sa présence dérobait au Public celle de ses interlocuteurs, et que la scène n'avait plus qu'un comédien.

Dans la scène du *Festin de Pierre*, de *Molière*, où *Elvire* s'efforce, par les discours les plus touchans, de ramener à la vertu l'impie *Don Juan*, *Sganarelle*, attendri par les exhortations édifiantes qu'il entend, ne peut retenir ses larmes et ses sanglots; *Don Juan* se retourne, fixe par intervalles *Sganarelle*, qui, confus alors de sa faiblesse, et jaloux de se montrer digne valet d'un tel maître, reprend soudain sa sérénité et lui montre même un visage riant. Cette métamorphose subite et réitérée exige le masque d'un *Protée* : c'était celui de ROMAINVILLE, le triomphe de son jeu muet et de son talent. Il n'était pas moins admirable dans la scène de la comédie du *Muet*, de *Brueys*, où *Frontin*, retenant la moitié de la bourse qu'il devait remettre au *Muet*, et voyant sa friponnerie découverte par les plaintes de celui-ci, qui reprend tout-à-coup l'usage de la parole, doit peindre à la fois, par son jeu de visage, son étonnement sur ce prétendu prodige, sa confusion sur le vol dont il s'est rendu coupable, et son effronterie, enfin, qui peut, seule, le tirer de ce mauvais pas. L'expression parfaite de ce mélange de sensations diverses est plus difficile encore que celle de la scène de *Sganarelle*. L'art n'y pourra jamais atteindre. Un tel prodige n'appartient qu'à la nature. C'est d'elle que ROMAINVILLE avait reçu ce masque unique et inimitable, cette gaîté franche et inépuisable, cette manière simple, variée et comique, cette pantomime expressive et parlante, cette vérité profonde de jeu et de débit, seuls caractères du grand talent, de ce talent naturel, dont le talent acquis n'approcha jamais.

Le plus distingué qui ait encore paru en ce dernier genre, celui de *Préville*, nous en a fréquemment offert la preuve, et principalement dans ces mêmes rôles de *Sganarelle* et de *Frontin*. Moins favorisé de la nature que ROMAINVILLE, ayant reçu d'elle un masque ingrat et uniforme, il appelait l'art à son secours; et ne pouvant donner aucune expression à son jeu de visage, à son jeu muet, dans ces deux scènes importantes, où le Public l'attendait impatiemment pour le comparer avec son heureux rival, il esquivait finement la difficulté : dans la première, tantôt en tournant le visage vers la coulisse, tantôt le dos aux spectateurs; et, dans la seconde, en se couvrant le visage de ses mains.

L'adresse de cet acteur n'était pas moins louable, en son genre, que celle de ce peintre fameux de l'antiquité, *Timanthe*, qui, dans un tableau du sacrifice d'*Iphigénie*, ne pouvant pas caractériser sur le visage d'*Agamemnon* l'expression de la douleur profonde d'un père plein de tendresse pour sa fille, et de piété pour ses dieux, le représenta, ingénieusement, le visage couvert de son manteau. Cette idée, vraiment heureuse, ne pouvait éclore que dans la tête d'un homme de génie et d'un grand talent; mais celui de *Rubens* me paraît, je l'avoue, bien plus grand encore, et bien plus digne d'admiration, dans le tableau de l'accouchement de la reine *Médicis*, où ce moderne *Apelle* a su peindre, tout à la fois, sur le visage de cette auguste princesse, et les douleurs aiguës de l'enfantement, et la joie pure de se voir mère, après une longue stérilité : si le talent de *Préville* rappelait celui de *Timanthe*, le talent de ROMAINVILLE rappelait celui de *Rubens*.

De tels rapprochemens, fondés sur des faits incontestables, attestent la supériorité de ce grand comédien, avec plus d'évidence que les raisonnemens les plus étendus; ils font taire les préjugés populaires, les préventions locales, les décisions tranchantes, enfin, des juges intéressés, ou de prétendus connaisseurs. A leurs petits arrêts opposons-en de plus respectables, qu'ils ne récuseront pas, et dont nous garantissons, comme témoins oculaires, la publique authenticité : ce sont les jugemens portés sur le talent de ROMAINVILLE, par deux acteurs célèbres de la Capitale, auxquels on ne contestera ni les titres, ni les lumières nécessaires pour l'apprécier.

Le Kain assistait à une représentation du *Bourgeois Gentilhomme*, où ROMAINVILLE jouait le rôle de *Jourdain*. Placé à l'amphithéâtre de l'ancienne salle de spec-

tacle de Bordeaux, il partageait l'illusion complète et la gaîté bruyante des spectateurs. Il applaudissait comme eux, autant que l'excès du plaisir et ses éclats de rire lui laissaient de forces et lui permettaient l'usage de ses mains. « Eh bien! *monsieur Le Kain*, com-
» ment trouvez-vous notre Romainville pour un ac-
» teur de province? » lui demanda alors un de ses voisins. « Que dites-vous? monsieur, pour un acteur
» de province, » répondit hautement *Le Kain*. « Sachez que si *Molière* le voyait, il s'élancerait sur le théâtre pour l'embrasser; c'est son plus grand acteur. » Et il continua de mêler ses transports et ses éclats de gaîté à ceux du public; applaudissemens les moins suspects et les plus honorables pour le talent d'un vrai comique.

Bellecour ne fut pas moins juste appréciateur de celui de Romainville. Après avoir joué le rôle de *Don Juan*, dans le *Festin de Pierre*, et y avoir été secondé par Romainville, il reparut dans la même pièce avec un autre valet, *Grand-Mesnil*, excellent acteur, et qui le doublait sur notre théâtre. « Comment avez-vous
» trouvé nos deux *Sganarelles*, et quelle différence en
» faites-vous? » lui demanda un amateur. « La compa-
» raison n'est pas faisable, répondit *Bellecour*. « Ro-
» mainville est le plus grand comique du théâtre. —
» Eh! que dites-vous donc de *Préville*? — Je n'en puis
» rien dire, il est mon intime ami; mais je vous répète
» que Romainville est, à mon avis, le premier comi-
» que du théâtre (4). »

En citant ces anecdotes honorables pour la mémoire

de ROMAINVILLE, nous sommes bien éloignés de les présenter ni de les regarder comme des autorités. Celle de la raison est, à nos yeux, la seule imposante, la seule respectable. C'est là le seul maître sur la parole duquel il soit permis de jurer. Sur celle de tout autre, nous suivons la maxime de *Juvénal* : *Nolite jurare in verba magistri;* et nous croyons partager cette sage indépendance avec tous nos lecteurs.

Nous leur faisons connaître ces opinions particulières, sans y attacher aucune importance, uniquement parce qu'elles s'accordent avec l'opinion publique, seul juge des renommées, qui ait le droit de prévenir les arrêts de la postérité. C'est à elle qu'il appartient de fixer le rang de ROMAINVILLE. S'il n'occupa pas celui de premier comique sur le théâtre de Paris, qui s'est arrogé le titre de théâtre de la Nation, comme si la Nation était concentrée dans le théâtre de sa capitale, c'est une injustice criante, à joindre à la liste nombreuse de celles qu'elle s'est permise de tous les temps. La supériorité de ses talens n'en fut pas moins reconnue par ses rivaux, même du plus distingué d'entr'eux, *Préville*, qui, obtenant de fréquens congés pour tous les théâtres de la province, n'en demanda jamais pour le nôtre, du vivant de ROMAINVILLE, et n'y vint faire juger ses talens que quelques années après la mort de ce dangereux rival, dont il ne fit que couronner le triomphe.

Il est vrai que, comme *Sémiramis*, « *Préville* n'était « plus que l'ombre de lui-même. » Sa vieillesse avait altéré sa gaîté ; sa tournure n'était plus aussi déliée, ni aussi comique; son organe aussi net, ni aussi souple; son masque aussi fin, ni aussi varié qu'ils devaient l'être dans un âge moins avancé. Il le sentait si bien lui-même, qu'il avait, dès long-temps renoncé, dans la Capitale, aux rôles de son premier emploi de comique, et qu'il y avait substitué les rôles à manteau, plus analogues à l'affaiblissement de ses moyens. Mais en rendant cette justice à la vérité, nous ne laissons pas moins subsister dans toute sa force l'objection qu'on lui a faite, de ne nous avoir donné les restes de son talent, et de n'être venu si tard à Bordeaux que pour n'y pas rencontrer un rival dont il redoutait la concurrence. Il est moralement impossible de donner à sa conduite une explication plus raisonnable, à moins de prétendre que cet acteur regardât le premier théâtre de la Province comme trop borné pour sa gloire, lorsqu'il ne croyait pas la prostituer sur des théâtres très-inférieurs, et où il ne pouvait trouver ni des juges ni des concurrens.

Voilà le plus beau trait, sans doute, de l'Eloge de ROMAINVILLE, la preuve la plus frappante du cas que *Préville* en faisait lui-même, et de l'hommage qu'il a rendu à sa supériorité. De tels faits doivent, pour jamais, fermer la bouche à ces enthousiastes fanatiques des talens de la Capitale, qui se croient obligés d'être, pour l'honneur national, les détracteurs de ceux de la Province, et pensent les déprimer par de frivoles objections.

« Ce grand ROMAINVILLE, » disent-ils bonnement, « n'a cependant pas été reçu aux Français, malgré

» le succès brillant de ses débuts? Il n'a jamais triom-
» phé qu'à Bordeaux, où, à la vérité, il a passé la
» plus grande partie de sa carrière théâtrale ? Avant
» et après les beaux jours de son talent, qu'il y a con-
» sacrés, il n'a été applaudi ni à Caen, ni à Versail-
» les, et autres villes de cette classe? Les suffrages
» dont les Bordelais le comblèrent pendant vingt-cinq
» ans, n'étaient-ils pas un tribut payé à l'habitude,
» plutôt qu'à la supériorité de ses talens? »

Puissans raisonneurs! Il faut répondre, une fois pour toutes, à vos étranges questions. Permettez-moi de vous en faire à mon tour, et pour l'apologie de ROMAINVILLE, et pour celle de mes concitoyens.

N'avez-vous pas vu les plus grands talens exposés, de tout temps, comme les siens, à l'injustice du Public dans la Capitale, à toutes les intrigues, à toutes les cabales de l'envie et de la médiocrité, prêtes à écarter tout ce qui leur fait ombrage (5)? Ne vous a-t-on pas déjà prouvé, par une infinité d'exemples, que de telles causes d'exclusion du théâtre de Paris sont infiniment honorables aux sujets qui y donnent lieu par leur supériorité, et que telle a été la destinée de ROMAINVILLE? Ignorez-vous que le talent, en tout genre, n'a qu'un âge pour jouir de son triomphe? Celui de ROMAINVILLE a été d'une longue durée; mais pouvait-il être éternel? Vingt-cinq ans qu'il a passés à Bordeaux, forment près de la moitié de sa carrière. Très-jeune, quand il jouait sur les théâtres de Strasbourg, de Caen, etc., il ne faisait qu'y essayer ses forces, et parvenu à son déclin, lorsqu'il jouait sur celui de Versailles, il commençait à les perdre, et à toucher au terme de son talent. D'ailleurs, l'état déplorable où était alors tombé le théâtre français, dans la Capitale même, ne devait-il pas nécessairement influer sur les théâtres des villes voisines? Ignorez-vous que les Comédiens Français, de Paris, avaient oublié jusqu'au théâtre de leur créateur, du divin *Molière*? qu'ils l'avaient également fait oublier au Public, et que, pour leur honneur et celui de la nation, il fallut une délibération de leurs administrateurs (6), pour obliger ces grands acteurs à relire leur *Molière*, et à le jouer, une fois par semaine, de leur mieux, afin de ramener les amateurs de leur brillant spectacle à la comédie? Ignorez-vous aussi, que lorsque ce même Romainville, que vous frondez si légèrement, arriva à Versailles, vers le temps même de cette délibération, il ne lui fut pas possible de faire ses débuts dans le théâtre de *Molière*, qu'il n'avait pas oublié, car il le jouait deux fois par semaine à Bordeaux, depuis vingt ans, mais que, la troupe de Versailles ne s'en souvenant pas mieux que celle de Paris, il fut réduit à prostituer son talent jusqu'au misérable jargon des comédies de *Marivaux* et de ses imitateurs (7)? Un pareil théâtre était-il celui d'un si grand comédien? Ne lui fallait-il pas, et d'autres interlocuteurs, et d'autres spectateurs? Aussi ne manqua-t-il pas, malgré les dégoûts que lui avaient fait essuyer, à Bordeaux, des directeurs avides et ingrats, mais que leur intérêt ne tarda pas à rendre plus justes et plus généreux à son égard, de se rendre bientôt à leurs vœux, et à ceux d'un public dont il n'avait jamais eu à se plaindre.

Vous demandez encore si les suffrages de ce Public n'étaient pas un tribut payé à l'habitude, plutôt qu'à la supériorité des talens de ce comédien ! Et où avez-vous vu les talens médiocres obtenir ce grand hommage de l'habitude, ou résister à son redoutable ascendant ? Sachez que cette double épreuve caractérise seule les grands talens, puisque ceux mêmes de quelques idoles de la Capitale n'ont jamais pu la subir. Sachez que des acteurs célèbres ont été contraints d'employer toutes les ressources du manége le plus grossier, pour se soustraire à ce pouvoir suprême de l'habitude, conserver leur réputation, captiver la durée des suffrages de leurs juges ordinaires, et ne pas les excéder de l'ennui de la satiété, inséparable d'un talent, même très-distingué ; sachez qu'ils avaient grand soin de paraître le plus rarement possible sur le théâtre de Paris ; de s'y faire précéder par des doublures détestables, qui leur servaient d'ombres en écartant celles qui auraient pu les éclipser (8) ; de demander, par surabondance de précaution, des congés fréquens pour la Province, sous le ridicule et faux prétexte du dérangement de leur santé, qui ne leur permettait de jouer à Paris qu'une fois par mois, et ne les empêchait cependant pas de jouer, en Province, presque tous les jours : qu'à leur retour dans la Capitale, ils alléguaient bientôt les mêmes prétextes, dont le Public avait la simplicité de se payer ; et que ce n'était qu'à la faveur d'un tel manége, qu'ils se perpétuaient dans leurs places et en écartaient des rivaux qui en auraient été infiniment plus dignes.

L'hypothèse des comédiens de Province était bien différente. Obligés alors de jouer presque tous les jours, à défaut de ces doublures si commodes et si favorables aux acteurs de Paris, ayant pour spectateurs un Public dont le goût était aussi sain qu'exercé, il leur fallait, sans doute, un talent bien supérieur, bien éminent, pour enchaîner la durée de ses suffrages, et lui sauver l'ennui de la satiété, qui semblait inséparable du retour continuel des mêmes représentations, et du jeu des mêmes acteurs! Aussi le plus grand éloge qu'aient mérité quelques-uns d'entr'eux, tels que *Aufresne, Dufresny, Belmont,* ROMAINVILLE, etc., c'est précisément d'avoir obtenu ces suffrages éclatans d'habitude, dont leurs détracteurs cherchent, au contraire, à faire un moyen de censure contre ces grands comédiens. Leur perte a été irréparable pour notre théâtre. La Tragédie et la Comédie tombées après eux, ne se relèveront jamais dans l'état de splendeur où ils avaient su les faire parvenir : d'autant plus que la tradition de leur art semble entièrement perdue, et ignorée des Comédiens mêmes de la Capitale, qui devraient en être les dépositaires.

Loin de marcher sur les traces des grands modèles, ils n'offrent plus qu'une imitation servile de quelques novateurs : d'où résulte la confusion de tous les tons, la violation de toutes les convenances et de toutes les règles de l'art de la Déclamation Théâtrale. Le langage auguste de *Melpomène*, déchu de sa dignité, est devenu aussi familier que celui de *Thalie*; les vers pompeux de nos grands tragiques sont débités avec la même volubilité et le même accent que la prose emphatique de nos lugubres drames; sans noblesse, sans chaleur, sans effervescence, sans enthousiasme; avec de la tête, et point d'entrailles, avec de l'esprit, et point d'âme; mettant le raisonnement à la place de la sensibilité, la sensibilité à la place de la passion : tel est le caractère des modernes successeurs des *Baron*, des *Lecouvreur*, des *Froment*, des *Prin*, des *Clairon*, des *Dumesnil*, des *Aufresne*, etc., tel est l'état actuel de notre théâtre tragique!

Celui de *Thalie* n'est pas moins déplorable! A ce naturel exquis, à cette gaîté franche, à ce masque heureux et varié, à cette manière simple, aisée et comique, à cette expression de jeu muet, à cette vérité de débit, à cette illusion complète, à ce talent naturel enfin que l'art embellissait sans se montrer, et qui distinguait éminemment les *Poisson*, les *Armand*, les *Droin*, les *Dufresne*, les *Grandval*, les *Bellecour*, les *Dangeville*, les Romainville, etc., leurs successeurs ont substitué une diction recherchée et à prétention, qui caractérise plus le lecteur que l'acteur, le récit que le débit; un jeu où la finesse exclut le naturel; une manière apprêtée et uniforme; une pantomime compassée et dessinée à la glace, pour me servir du mot propre; tout ce qui tient enfin au talent acquis, au travail, à l'étude, à l'art. De là, dans la comédie comme dans la tragédie, plus d'intérêt, plus de plaisir, plus d'illusion pour le spectateur, qui, voyant toujours l'acteur, et jamais le personnage, l'admire ou lui applaudit machinalement et sur parole ; mais assiste à l'une sans rire, et à l'autre sans pleurer.

Faut-il s'étonner que de tels comédiens aient fait déserter leur spectacle ? c'est à eux seuls qu'il faut s'en prendre du mépris où il est tombé. La nation conserve toujours un goût de prédilection pour son théâtre, le premier de l'univers. Elle en donne fréquemment des preuves, surtout dans le temps des nouveaux débuts, qui est celui de la curiosité et de l'affluence des spectateurs. Toujours équitable, toujours indulgent envers les sujets qui se dévouent à ses plaisirs, le Public vient en foule, applaudir à leurs talens, ou encourager leurs efforts et leur zèle pour les progrès d'un Art dont il fait ses délices. Des censeurs intéressés osent cependant lui en reprocher la décadence ; ils osent l'accuser d'accueillir avec indifférence les chefs-d'œuvres immortels de nos grands maîtres, et de prostituer sa présence et ses suffrages, en les prodiguant à de misérables parades, aliment grossier de la plus vile populace. Ils ne voient pas, ou ne veulent pas voir, que la représentation de ces grands ouvrages exige nécessairement de grands talens ; et que celle de ces farces grossières de nos tréteaux de places, admet au contraire la plus chétive médiocrité. Le Public montre un très grand sens, en courant (puisqu'enfin il lui faut des spectacles) aux représentations aussi aisées que fastidieuses, des *Jeannot*, des *Pointus*, des *Le Rond*, des *Malbourough*, des *Figaro*, etc., plutôt que de voir impitoyablement estropier celles des *Tartuffe*, des *Cinna*, des *Iphigénie*, des *Rhadamiste*, et des *Mahomet*.

Les plaintes de ces censeurs sont donc aussi injustes qu'indiscrètes : c'est à la disette seule des talens qu'il faut attribuer la décadence de l'Art. Tant que les acteurs manqueront aux spectateurs, les spectateurs manqueront aux acteurs. Mais que ceux-ci se livrent à l'enthousiasme de leur état ! Que, favorisés d'un physique et d'un moral heureux (dons précieux et indispensables que rien ne peut suppléer), ils tâchent, par une étude constante, par un travail assidu, en subordonnant toujours l'art à la nature, de parvenir, non à la chimère de la perfection, incompatible avec l'essence de l'homme, mais à la plus grande supériorité à laquelle elle puisse atteindre : alors, dignes de partager les lauriers des *Baron* et des *Garrick*, ils obtiendront les distinctions honorables que leur refuse un préjugé légitime, mais que commande, en tous lieux, la prééminence du génie et des talens.

Bordeaux vient d'en donner, la première, l'exemple à la Nation, par l'hommage qu'elle vient de rendre à la gloire de ROMAINVILLE. Une société de citoyens de cette ville a fait placer, avec la permission de ses magistrats, le portrait de ce grand comédien, au foyer des acteurs de la salle de spectacle, devenu public. Ce monument glorieux encouragera sans doute ses successeurs à marcher sur ses traces, et à se dévouer, à son exemple, aux plaisirs d'un public qui sait dignement apprécier et récompenser les talens.

Romainville a bien mérité cette distinction, sur un théâtre où il a constamment occupé le premier rang, et dans une ville dont il a fait long-temps les délices. Ses citoyens ont donc acquitté leur dette, en fixant à jamais parmi eux les traits de ce moderne *Roscius*, qui réunissait la plus grande probité aux plus grands talens, et à qui l'on pouvait si justement appliquer le bel éloge que *Cicéron* a fait de l'ancien : « Il était si » grand acteur, qu'il paraissait seul digne de monter » sur le théâtre; et si honnête homme, qu'il paraissait » seul digne de n'y monter jamais. »

Les amateurs de *Thalie* ne pourront jamais, sans le plus vif intérêt, contempler un tableau qui leur retracera les traits de ce charmant acteur, et leur rappellera le souvenir de la perfection de ses talens. Il ne la devait qu'à la nature, qui semblait avoir défendu l'art d'y mêler ses vains ornemens. Aussi n'avait-il qu'à se montrer sur la scène, pour exciter les éclats bruyans de la gaîté parmi les spectateurs, qui lui payaient le tribut de la nouveauté, après vingt ans encore d'assiduité habituelle à ses représentations. Cet empire, exercé par les grands talens, est, je le répète, la plus forte preuve de leur supériorité, surtout dans les villes de province où les demi-talens n'ont pas, comme dans la Capitale, la ressource vénale des cabales et des prôneurs.

Le zèle des citoyens empressés à ériger, au nom de leur patrie, ce monument simple, mais honorable à la mémoire de Romainville, a été bien secondé par celui des artistes chargés de son exécution. Ils y ont à l'envi, fait briller leurs talens. Le tableau surtout a réuni tous les suffrages, et étendu la réputation de M. *Lacour*, peintre distingué dans notre école naissante, et digne de l'être dans celle même de la Nation. La scène qu'il a choisie est celle où *Crispin Médecin*, dans la comédie de ce nom, après avoir joué le rôle d'un pendu dans la maison de M. *Mirobolan*, l'oreille encore frappée des mots terribles de *bistouri* et autres instrumens de dissection, profite de l'instant où ce médecin sort pour quelques minutes, s'assied sur la table où il était étendu, prêt à s'élancer, et regardant, avec un effroi vraiment comique, par quelle porte ou fenêtre il pourra se sauver. Ce monologue muet, le seul que le théâtre offrait à la peinture, et dans lequel le masque, le jeu de visage et la pantomime de ROMAINVILLE étaient également inimitables, a été parfaitement rendu dans ce portrait, qui a le mouvement d'un tableau d'histoire supérieurement composé. La ressemblance d'ailleurs est frappante, et ce mérite est d'autant plus recommandable dans l'artiste, que le portrait n'a pas été fait d'après nature, mais trois ans après la mort de ROMAINVILLE, et sur une ébauche très-imparfaite, qui le représentait même dans une toute autre situation (10).

Le cadre, décoré de trophées et autres ornemens allégoriques, sculptés avec le plus grand soin, est peint en marbre de porphyre, et surmonté d'un fronton, au milieu duquel est placé le chiffre de ROMAINVILLE, avec une couronne et des guirlandes faites de feuilles de laurier et de lierre, symboles de l'immortalité et entrelassées de grelots, emblème de la gaîté bruyante d'un comique : elles accompagnent cette inscription, gravée sur une table de marbre blanc, en lettres d'or :

    Sans le secours de l'art, de sa vaine parure,
    Il fit briller *Thalie*, et goûter ses bons mots ;
    Il reçut de *Momus* le masque et les grelots
    La scène perd en lui l'acteur de la nature.

Sur le socle du cadre est placée une tablette du même marbre, avec cette inscription gravée de même manière :

HOMMAGE RENDU PAR DES CITOYENS
A LA MÉMOIRE DE ROMAINVILLE.

Tel est l'hommage public qu'a obtenu ce grand comédien de la reconnaissance d'une ville qu'il a long-temps charmée par ses talens. Il n'honore pas moins l'homme supérieur qui s'en est rendu digne, que les citoyens sensibles qui lui ont érigé ce monument de leur estime pour les arts. L'étranger et le voyageur y ont applaudi avec transport. Sa vue fera verser des larmes amères de dépit et d'envie à tout comédien sans âme comme sans talent, et des larmes pures d'émulation et de reconnaissance à celui qui, marchant sur les traces d'un si grand modèle, méritera de recevoir un jour les mêmes honneurs.

Il nous est impossible de satisfaire à la curiosité de nos lecteurs sur le personnel de ROMAINVILLE, ainsi que sur les circonstances analogues à son origine, à sa naissance, à son éducation, à sa vie privée. Le préjugé qui flétrit les comédiens, et les force de changer de nom, pour ne pas faire partager à leurs parents l'ignominie de leur état, répand autour d'eux une obscurité impénétrable. Aussi n'avons-nous pu acquérir, malgré toutes nos recherches, que des notions très-confuses et très-bornées sur tous ces objets. Nous savons uniquement, que son véritable nom était *Louis Donnet*; qu'il était fils d'un médecin de Versailles; que, d'après son intelligence, la culture de son esprit et l'intérêt de sa conversation, il paraissait avoir fait de bonnes études et reçu une excellente éducation. Il eut des passions violentes, mais ses mœurs ne furent pas moins irréprochables que ses sentimens. Estimé, chéri des citoyens d'une ville où ses talens et son mérite personnel l'avaient, pour ainsi dire, naturalisé, il en reçut toujours l'accueil le plus honorable. La société, où l'accompagnait sa gaîté naturelle, et dont il doublait ainsi les plaisirs, lui témoignait, à son tour, les égards les plus flatteurs. Elle prit le plus grand intérêt à sa perte, et lui donnera long-temps de vifs regrets.

ROMAINVILLE mourut à Bordeaux, en 1784, à l'âge d'environ cinquante-cinq ans, victime de l'impétuosité d'une passion malheureuse, et qui domine surtout les hommes à grands talens. Il laissa trois fils sans fortune, mais du moins avec une profession honorable : ayant fait de l'un un Peintre; de l'autre un Musicien, et du troisième un Laboureur. Ce dernier choix est peut-être celui qui honore le plus son jugement, et dont l'exemple aura, par cette raison même, le moins d'imitateurs. Il fut enseveli avec la plus grande pompe; et c'est sans doute l'époque la plus remarquable de sa destinée, qu'elle ait fait taire jusqu'à la voix impérieuse du préjugé qui flétrissait son état.

Respectons ce préjugé, et les motifs politiques et religieux qui le rendent légitime; il conserve à l'État des citoyens précieux de tous les ordres, qui, sans ce frein sacré, embrasseraient en foule une profession attrayante par la liberté, la licence même qui y règne, par les jouissances multipliées qu'elle présente à l'amour-propre, et à toutes les passions ; il les empêche de consacrer au théâtre des talens et une existence que la société réclame, et dont ils ne lui doivent pas moins le sacrifice que celui de leurs vertus. Je le répète encore, respectons ce préjugé ; mais rendons grâce à la philosophie de notre siècle , d'avoir tempéré la rigueur superstitieuse d'une loi émanée des siècles même de barbarie. Et toi, divin *Molière*, que tes mânes se consolent de l'outrage fait à ta cendre, en apprenant les honneurs funéraires rendus à celle de ton acteur

NOTES ET PREUVES.

(NOTE 1re.)

Pendant quelques mois de séjour à Paris, il donna aux Français un très-grand nombre de représentations, toujours suivies avec la même affluence ; preuve non équivoque de l'éclat de ses succès.

(NOTE 2e.)

Les *Prin*, les *Aufresne*, les *Dufresny*, les *Froment*, les *Monrose*, etc., dans la Tragédie ; les *Drouin*, les *Belmont*, les *Célignan*, les *Caprais*, les *Émilie*, les *Monval*, etc., dans la comédie.

(NOTE 3e.)

L'illusion était si complète pour le spectateur, qu'un grand seigneur, assistant à une de ses représentations sur le théâtre de Versailles, ne put s'empêcher de s'écrier : « Ce valet parle à son maître comme le mien me parle journellement : je crois l'entendre. » Quel éloge !

(Note 4e.)

Un acteur de la même troupe, d'un talent distingué, mais dont on taira le nom, par des raisons de ménagement qui lui sont personnelles, se trouvant quelques jours après avec d'autres personnes, chez *Bellecour*, lui fit la même question, et en reçut la même réponse.

(Note 5e.)

Sans parler des dégoûts qu'y ont essuyé les *Molière*, les *Corneille*, les *Racine*, les *Voltaire*, les *Rameau*, etc., sans rappeler ici la chute de leurs chefs-d'œuvres, trop humiliante pour leur siècle et la nation,

« Les exemples fameux ne nous manqueraient pas : » contentons-nous d'en citer de plus recens. N'a-t-on pas vu, à Paris, le plus grand danseur de l'Europe, *Pitrot*, objet de l'admiration, et victime des cabales, forcé de priver sa patrie de ses talens et de les faire briller dans les cours étrangères? N'y a-t-on pas vu le créateur et le maître de son art, le *Corneille* de la danse, *Niverre*, sacrifié à la basse jalousie de ses rivaux subalternes, et ses admirables compositions dédaignées d'un public idolâtre de bambochades et de pantins? N'y a-t-on pas vu le rival des *Pergolèze* et des *Hayden*, BECK, en butte aux mêmes persécutions, et indignement martyrisé dans l'exécution de son *Stabat*, dont la sublimité a été reconnue, même de ses plus acharnés détracteurs? N'y a-t-on pas vu les chefs-d'œuvres immortels de *Gluck*, prêts à éprouver plusieurs fois le même sort, sans la protection puissante et éclairée d'une grande reine, qui a fait enfin triompher ce grand homme des clameurs et des manœuvres de l'envie.

S'il y a moins de lumières en province, il y a aussi plus d'équité. On n'y voit ni autant de bons, ni autant de mauvais juges, mais la nature y est mieux connue, et l'esprit moins dominant. Aussi que d'écrivains et d'ouvrages sont portés aux nues à Paris et sifflés en Province ! Elle est le creuset et souvent l'écueil des réputations. C'est ce qui faisait sans doute dire à Voltaire dans un moment d'humeur : « Le génie est en Province, on ne sait faire à Paris que des opéra-comiques. »

(NOTE 6e.)

MM. DE RICHELIEU, DE DURAS, D'AUMONT, et DE SAINT-AIGNAN, premiers Gentilshommes de la Chambre du Roi. Cette délibération les couvrit de gloire, et retarda la ruine du Théâtre-Français. Les vrais citoyens leur en doivent une éternelle reconnaissance. « Que les temps sont changés ! » Jadis nos grands seigneurs ne savaient pas lire, et se faisaient honneur de leur ignorance. De nos jours, ils sont les défenseurs des lettres, comme ceux de la nation, et remplissent aussi dignement leurs places dans les lycées que dans les cours.

(NOTE 7e.)

« Il n'y brilla pas autant, dit-on, que dans le théâtre de » Molière. » Preuve de son talent. *Baron* brillait-il autant dans les tragédies de *Scudery* que dans celles de *Corneille*?

(NOTE 8e.)

Les *P....*, les *A....*, les *D....*, les *V.....*, etc., doublaient ces grands acteurs ; et les *Aufresne*, les *Dufresny*, les *Belmont*, les ROMAINVILLE, etc., végétaient en Province ou dans l'étranger !

(NOTE 9e.)

On reconnaît volontiers, avec le public éclairé et impartial, les exceptions que présentent le théâtre de Paris et ceux de la Province ; il est superflu de l'observer ici. On s'empresserait même de rendre publiquement hommage aux talens distingués qui méritent ces exceptions, si l'on ne craignait, en les nommant, de blesser l'amour-propre ou les prétentions de ceux qui ne les méritent pas. Les premiers, d'ailleurs, sont universellement connus, et appréciés dès long-temps. On se bornera donc à rendre cette justice à un talent précieux qui s'élève sur notre théâtre, et qui brille déjà du plus grand éclat, le sieur *Martelly*. Ce jeune acteur marche à grands pas sur les traces des grands modèles, et nous console enfin de ceux que nous avons perdus.

(NOTE 10e.)

Ce tableau a été gravé par le sieur *Emmanuel*, jeune ac-

— 30 —

teur de la plus grande espérance. Il n'a écouté que son zèle pour la mémoire de Romainville, ayant laissé reposer long-temps son burin pour se livrer tout entier à l'exercice de son nouvel état. Il ne faut donc pas chercher dans l'estampe le mérite du tableau. La tête même du personnage, à laquelle le graveur dit s'être principalement appliqué, est lourde, colossale, inanimée, sans ressemblance et sans expression.

FIN DES NOTES.

www.ingramcontent.com/pod-product-compliance
Lightning Source LLC
Chambersburg PA
CBHW060609050426
4245ICB000IIB/2159